363 MARTYRS

DU

DEVOIR

PAR AUGUSTE RIO

Les droits d'un peuple se fondent
sur son sang.

THIERS.

Prix : 50 centimes

En vente chez tous les Libraires.

F. AUREAU

IMPRIMERIE DE LAGNY

1877

Vente en gros, 20, rue du Croissant,
PARIS

PRÉFACE

Fussent-ils 400 au lieu de 335; ne seraient-ils que 267 plus UN, majorité absolue; les 363 n'en seraient pas moins glorieusement représentés à la nouvelle Assemblée nationale.

La quantité importe peu à la qualité, du moment que nous avons la victoire. L'événement de la journée du 14 octobre est basé sur ce chiffre désormais historique : 363.

D'ailleurs ils ne pouvaient tous revenir, attendu qu'avant la bataille, nous avions malheureusement éprouvé dans le nombre, des pertes fort regrettables; puis dans la mêlée, quelques-uns ont été victimes d'indignes manœuvres qu'on ne saurait trop sévèrement blâmer.

Les 363 étaient, dans le ciel des ruraux, la grande ombre qui menaçait, ce qu'en langue officielle, on appelle l'ordre moral; le pays a fait un plus grand jour dans cette même ombre qui revient avec les 335, moins étendue, mais si intense, qu'elle ruine les espérances de ces êtres d'un certain monde, où l'on voit tout à l'opposé du sens commun. Les déceptions qu'ils essuient, sont autant d'avantages dont profite la nation, fermement résolue à se gouverner par elle-même. A quelque chose malheur est bon.

La patrie réserve un souvenir immortel aux 363 dans les 335.

Nul doute que nous assistons à la fin du troisième et dernier acte du long drame national, dont Paris est le théâtre et la liberté la victime ! Le peuple, spectateur intéressé, attend avec calme le dénouement de l'action actuellement en jeu. Ses aînés, dont il a épousé les vertus en héritant de leur gloire, furent grands dans le malheur ; il le sait, et saura par conséquent se montrer à la hauteur des circonstances.

L'objet poursuivi, dans ce résumé en un seul tableau, de la pièce épique en trois actes, n'est autre que de prouver une fois de plus, qu'il appartient à la France de prendre positivement et définitivement place, au premier rang des nations libres et civilisées.

363 MARTYRS

DU DEVOIR

~~~~~~~~~~~~~~~~~~~~~~~~

> Les droits d'un peuple se fondent
> sur son sang.
>
> THIERS.

Dans un peuple libre et éclairé, dégagé de passions politiques, les élus ou députés appelés à l'administration des intérêts généraux du pays, composent dans leur ensemble ce groupe majestueux appelé Corps législatif ; assemblée d'élite, faite de vertu, abnégation et lumière, à l'image et ressemblance du souverain, dont elle représente les aspirations et le génie.

Ce souverain c'est le peuple ; sa physionomie est dans ce groupe, la nation.

Respect et considération à ces privilégiés du
~~~~~~~~~~~~~~~~~~~~~~~~

mérite; le citoyen les salue, la foule les acclame; ils sont plus qu'honorables, ils sont honorés.

Esclaves du devoir et de leurs compromis, au jour marqué ils se réunissent, se comptent et examinent; un ancien, le plus avancé en âge, ouvre la séance; on propose naturellement un directeur, caractère type d'équité, capacité, constance, dignité et bravoure; des courants d'opinion s'établissent aussitôt dans l'illustre assemblée; on s'interroge, on discute séparément avec calme et sans bruit, car le cas est sérieux par l'embarras même du choix; enfin une liste est dressée, portant les noms de candidats divers; on vote, et ce grand corps formé de tous les éléments sociaux, se donne un chef et des lieutenants.

Ce chef ou président de l'Assemblée nationale, est incontestablement le premier citoyen de l'État.

En vérité et entre nous, n'en déplaise aux Quichottes orphelins de tous les pays, si ce n'est là un souverain couronné et surtout légitime, j'avoue que je ne m'y connais pas.

Au surplus et dans un but d'humanité, car le pitoyable m'afflige profondément, écoutez, vieux rebelles, idéalistes obstinés du droit divin; approchez tas de besicles, spectres haletants, débris galvanisés du moyen âge; regardez, et d'abord écartez-moi ce trompe-l'œil qui fait que vous ne voyez qu'en vert tendre et guère au delà de vos lourdes visières, ce vivant tableau de la chose publique:

En bas, au premier plan, le travail et ses produits dans toutes ses formes aussi variées que multiples;

au-dessus, le flot changeant et sans cesse renouvelé des générations; 'plus haut,, dans l'atmosphère qui s'élève de cet océan humain tour à tour agité et pacifique suivant les temps et les événements, sous un ciel pur où brille le soleil Liberté, la splendide galerie accidentée aux nuages d'or et rubis formant à sa partie supérieure, comme un trône où percent vaguement en écharpe les ravissantes couleurs d'Iris sur la poitrine de l'Illustrissime; et à ses pieds, sur les crêtes étincelantes de rochers, dans le vallon, au penchant des coteaux, sur le lac azuré, dans la grotte sombre, aux coins chiffonnés de la vaste draperie dont les plis de pourpre tombent mollement jusqu'à se baigner à l'extrême horizon : ces fronts pensifs et réfléchis, de nobles têtes souriantes, les unes; graves et sévères, les autres ; toutes dans l'attitude d'esprits attentifs écoutant quelque puissante parole animée de gestes, à en juger par le bras vengeur qui se détache à gauche dans l'espace, pareil au poing serré de Danton, ce dieu de l'éloquence révolutionnaire.

Tiens ! un mouvement de sensation; ça paraît sérieux.

C'est qu'apparemment un élément hostile, un intrus ou bête morte, quelqu'un des vôtres, peut-être, s'est glissé là dedans.

L'éclair a frappé en zig-zag gauches, droites, centres, profondeurs et sommets.

Mais ce n'est pas tout, j'entends un grondement lointain ; les flots s'agitent et roulent leurs blanches écumes en sens divers ; de noires vapeurs qui s'élèvent menacent de la tempête et conséquemment d'un prochain changement de décors. D'ailleurs cette lampe d'argent suspendue là-haut, dans l'immense voûte aux diamants, annonce à n'en pas douter que la séance se prolongera jusqu'à une heure assez avancée de la nuit. Attendez, hommes de combat, ferrailles détrempées, paratonnerres des révolutions que vous essayez en vain d'escamoter ; attendez le dénouement sans trop vous réjouir d'avance, car il y en aura pour tous assurément, et du solide ; préparez-vous et à bientôt. J'ai affaire ailleurs et vous laisse, non sans vous rappeler que là, ici-même, entendez-vous ? se borne, incidents à part, toute contemplation, au fauteuil où siége la vertu suprême, dans la personne du président de l'Assemblée nationale.

Et maintenant que vous avez vu et observé la réalité palpable, le sublime dans la nature même, osez douter encore et dites que c'est un rêve, ou pour me servir d'un mot à vous, une illusion de nos sens abusés.

Mais la tradition caduque invoquant l'art antique aux savantes combinaisons d'ornements de détail et de figures à caprice, où l'esprit distrait s'abandonne à l'imagination qui s'égare, ne s'accommode nullement de l'architecture grotesque, à la fois simple et solide de l'édifice social ; et se plaignant amèrement dans un langage emprunté, du manque de goût, de la sévérité, de la rudesse sauvage d'un style à la remorque de la froide logique des faits, obtient de l'opinion complaisante un décors extérieur, un trône d'honneur destiné à quelque haute personnalité sans doute, qu'on est convenu d'appeler président de la République ou son premier magistrat qui, s'il a conscience de ses devoirs et du caractère auguste dont il est revêtu, s'impose le premier et commande à tous le respect aux lois, dont il est le dépositaire et le représentant.

C'est là évidemment le côté saillant, le point de mire de la nation ; un personnage politique responsable devant l'opinion et devant l'histoire ; en deux mots : le couronnement de l'édifice.

L'Europe et l'Amérique offrent des modèles d'établissements de ce genre, fondés sur le travail intelligent, qui donne la Liberté ; le sens commun qui règle la justice à base d'Égalité, et la philosophie ou la sagesse ouvrant ses bras à la Fraternité.

Heureux peuples ! qui savent se gouverner et jouissent des bienfaits de la paix, après de cruelles guerres où leur courage triompha de la tyrannie ; où l'on voit partout l'activité, la prospérité, la satisfaction, l'harmonie, l'association, la puissance, l'amour honnête et modeste qui féconde et récompense la vertu, bref, la civilisation en plein rapport.

En Amérique ce sont les Etats-Unis ou la grande république du Nouveau-Monde ; et en Europe, hâtons-nous de le dire, malgré tant d'efforts et de sacrifices, de gloire et héroïsme, ce n'est pas encore la France...

c'est toujours et seulement l'antique Helvétie, le vail-
lant peuple suisse.

Et cependant la France a des titres qui lui garan-
tissent la pleine et entière jouissance de ses droits à
se gouverner elle-même; ces titres l'Europe les connaît, ils sont écrits en rouge et datés de 1789.

A cette époque, ce peuple valeureux et fier de ses
exploits, à qui les illustrations et les dévouements
n'ont jamais manqué dans les grandes crises sociales
ou politiques, vit se lever un Mirabeau pour renverser quatorze siècles de monarchie, colossal monument dont la chute ébranla tous les trônes de l'uni-
vers, fit tomber des bastilles et écrasa le despotisme.

Du sein de ces ruines palpitantes du génie de Rous-
seau, jaillit soudain une vive lumière qui éclaira toute
la terre, et dont les éclats gravés en lettres de feu
dans la mémoire des peuples, rappelleront sans cesse
les immortels principes qui rendent à l'homme la
possession de lui-même et définissent ses droits solen-
nellement proclamés.

Et pendant qu'on déblayait et préparait le nouveau sol où allait s'élever la société moderne, dans
ce bruyant pêle-mêle où toutes les classes de la
société étaient confondues, hommes, femmes, en-
fants, vieillards, le peuple piochant et chargeant la
brouette où était attelé de fort bonne grâce le comte
ou le marquis faisant chorus au *Ça-ira!* pendant
que l'étranger menaçait, qu'on conspirait au dedans;
que Danton éclatant d'enthousiasme enflammait
les courages, fixait l'opinion et ouvrait un cou-

rant aux idées; que Marat, l'instinct de la Révolution, brillant météore se multipliant dans la tempête, éclairait les abîmes qui menaçaient d'engloutir l'arche sainte de la fraternité universelle; pendant que de sinistres rumeurs circulaient partout, 92! parut à l'horizon sanglant et trouva Robespierre debout pour édifier.

On se mit gaiement à l'œuvre, en même temps qu'on sacrifiait à la raison; les mœurs s'épuraient visiblement; et ce peuple au farouche aspect de la misère en haillons, travaillant sans relâche à la fondation d'un avenir de liberté et d'harmonie universelle, offrit au monde le grandiose spectacle de la vertu aux prises avec la nécessité aux sauvages instincts.

La vertu triompha par la raison.

Tout allait bien, quoique lentement; quand tout à coup un souffle de haine agita nos frontières. C'était l'Europe barbare qui se ruait sur la France.

Dans l'état de dénûment et de désarmement où était le pays, travaillé par un reste de fièvre réactionnaire; au dehors la coalition irritée, formidable; au dedans la trahison qui lui tendait la main; la situation n'était guère moins que désespérée.

Cependant on ne perdit pas le calme. La France entière se leva au terrible signal de la patrie en danger, la victoire ou la mort! cri sublime, émané de cette assemblée de héros qui surent improviser sur l'heure et organiser des armées, les conduire, courir à l'ennemi, attaquer et vaincre.

Il y eut certainement d'immenses carnages, des scènes affreuses, des flots de sang répandu ; mais en somme on s'en trouvait mieux, on avait la gloire et du pain.

La jeune République marchait avec assurance et de bel air, quoique légèrement soucieuse ; on ne lui connaissait qu'un défaut, et c'était de se comporter trop bien pour s'en porter mieux.

Il lui en coûta cher.

Un jour, surprise dans son abandon familier et confiant, un ambitieux soldat de fortune, qu'elle avait élevé, protégé et distingué sur vingt champs de bataille, envahit brutalement le temple des lois ; se saisit de l'idole qu'il logea dans un sac à malice, pour régner despotiquement en son nom.

Il pâlit cependant et trembla presque, lui, guerrier intrépide et courageux ; c'est qu'on n'attente pas impunément au droit des gens, et que le vrai courage n'est que dans la vertu, au front calme et serein.

Ce soldat, ce chef audacieux n'en avait point.

Dès lors, sans cesse agité et privé de repos, comme une conscience coupable qui cherche une distraction dans le crime même qu'on exploite ; arrogant envers ses voisins, se battant tous les jours, occupant constamment la renommé du fracas de ses victoires, car il était habile et pas mal rusé, l'usurpateur jugeant à propos que le souvenir de son forfait avait disparu dans le bruit du canon, le consomma cyniquement à la face du peuple stupéfait en se couronnant lui-même.

L'empereur tua le héros.

Fatigué de vaincre et battu à son tour, il tomba enfin, après avoir ravagé la terre, au fond des mers, sur un rocher solitaire où il laissa son cadavre redoutable et redouté longtemps encore après sa mort.

Et la France, abandonnée au sauve-qui-peut, épuisée, sanglante, livrée à l'étranger ramenant la monarchie, dans cette même dynastie abhorrée, proscrite, traînée en place de Grève le 21 janvier 1792, dut avaler jusqu'à la lie de l'humiliation, la honte avec tous ses dégoûts.

Quelques années s'écoulèrent dans un morne repos, une apparente tranquilité qui ressemblait à de la résignation ; quand dans un moment critique où le monarque provocateur et menaçant prétendait s'imposer en maître aux volontés du pays représenté par les 221 mémorables, respectueux d'abord et respectés ensuite, Paris furieux d'indignation se posa résolûment en face du chef de l'Etat, d'un air qui voulait dire : « Mon droit inaliénable, ou ta tête chiffrée »

L'orgueil irrité, superbe, résista. On aurait peut-être cédé à une hardiesse parlementaire du genre de celle-ci : « Condescendre ou descendre, » mais le peuple, qui d'ailleurs entend fort bien cette langue. ne peut on ne veut pas la parler ; et la bataille loyalement présentée commença son œuvre.

C'était en juillet 1830. Trois jours de combats acharnés suffirent au peuple pour déloger le tyran, qui se sauva en toute hâte, sans doute afin d'éviter quelque fatale rencontre.

A ce départ précipité, une violente secousse ébranla le sol ; c'était la République qui remuait et se dressait sur son séant.

Un citoyen avisé, alors en crédit dans l'opinion, s'avança aussitôt vers elle avec empressement et comme pour lui offrir son bras ; se colla à sa joue, la berça doucement en lui parlant d'Égalité, si bien qu'elle se laissa faire et rentra dans son repos. Puis, se tournant vers le peuple ahuri, qui respectait en lui un glorieux soldat de l'indépendance américaine, lui présenta de la façon la plus aimable un type à favoris anglais : Tiens, prends ça, dit-il ; c'est un libéral qui fera mieux que toutes les républiques.

Le peuple donna dans la parole d'honneur de cet homme à cheveux blancs et cria : Vive le roi !

A ce moment s'ouvrait dans l'histoire, avec Louis-Philippe Ier, le régime parlementaire transformé en monarchie constitutionnelle, demeurée fruit sec.

Mais Philippe ne fut qu'un despote dont les excès aboutirent aux meurtrières journées de février 48 qui ramenèrent la République au pouvoir.

Elle était sympathique et belle et du sang le plus

pur, dont elle aimait la couleur. Elle voulait la liberté pour tous, même pour ces noirs conspirateurs incorrigibles, ses ennemis.

Les peuples du continent, épris de ses généreux désirs, la saluèrent avec enthousiasme et l'appelaient déjà par son nom qualifié de sociale, quand, jaloux et attristé peut-être de ce beau mouvement philanthropique qui honorait l'Europe et couvrait les frontières de sa patrie, au moment même où Paris, unifiant toutes les couleurs connues dans un beau rouge, décorait démocratiquement la déesse, un grand sec, pâle, homme de marque détaché on ne sait d'où, arrive, et au grand étonnement général, harangue le public par un discours d'à-propos ou de couleur.

Il débita éloquemment sur le tricolore ; passa légèrement, si j'ai bonne mémoire, du blanc au bleu, rouge pourpre ; puis s'accrochant furieusement à quelques lambeaux d'histoire ancienne, il aborda le rouge animal, ce cher pur sang, qu'il confondit sans doute avec le sang de bœuf, et dont il parla avec un dégoût mêlé d'horreur.

Le dédain du poëte, nature maladive et délicate, pour le sang de bœuf, fit contagion, et le drapeau Aurore aux États-Unis d'Europe, tomba.

Encore un impertinent séducteur de républiques ; celui-ci s'en fit comme un titre de gloire, qu'on lui reconnut dans ses vieux jours ; Lafayette eut au moins la sincérité du repentir.

Profondément atteinte dans l'attrait de ses charmes, non moins que vivement contrariée dans ses élans de généreuse tendresse, la République s'en affligea au point qu'elle en devint timide et se concentra dans ses vertus.

Malheureusement à cette époque, le peuple livré à ses rêves d'avenir et à la contemplation, chantait un peu trop et n'agissait pas assez, pendant que ses effrontés détracteurs lui minaient le terrain en faisant de lui un épouvantail qui effraya la chaumière, ainsi acquise au jésuitisme.

Le suffrage universel, habilement manié, amena l'ennemi au pouvoir, j'allais dire un Bonaparte déguisé en honnête homme.

Ce forban, abusant du serment prêté à la nation, l'assassina cruellement, une nuit de décembre, dans les rues de Paris surpris et terrifié.

Peu de temps après il posait en César à côté de l'oncle.

Cependant, las de débauches et bâillant comme un âne, appelé malgré lui à se donner un certain air de famille et à continuer la tradition, il prit fantaisie à ce pygmée de manier la grande épée du héros et trancher du conquérant, frappant à tort et à travers, en tout sens et en tous lieux, dans l'ancien comme dans le nouveau monde, répandant partout inutilement le sang français ; quand un jour il trouva fatalement devant lui l'ennemi qui le guettait depuis longtemps ; et, comme un stupide qu'il était, car la stupidité est après la cruauté la faculté dominante des tyrans, il donna tête baissée dans le piége.

On sait ce qu'il s'en suivit ; et tandis que des débris ensanglantés de nos armées vaincues, écrasées, surprises, culbutées de tous côtés, alors que nos malheureux soldats effarés, fugitifs, cherchant dans l'immense solitude de populations en ruine un refuge au sein de la patrie envahie et désolée, se retrouvaient le lendemain pour la revanche ; lui, ce lâche brigand, se rendait prisonnier à la frontière avec toute une armée qui voulait mourir pour l'honneur. Ainsi finit le bas-empire.

A la nouvelle du désastre, la République arriva à Paris en même temps que le courrier de Sedan.

La grande capitale en tressaillit de joie, passant volontiers à l'avoir de profits et pertes, les revers de l'empire. Ce peuple dévoué qu'elle enivra de son sourire, reconnut sa souveraine et l'acclama chaleureusement. « Aux armes ! cria-t-elle ; je suis la patrie en danger ; l'ennemi est aux portes. » Sa puissante voix fut entendue de toute la France, qui salua la bienvenue aux cris mille fois répétés de : Vive la Liberté !

Des légions de volontaires accourent aussitôt sous les drapeaux de la Défense nationale ; ces cœurs ardents cherchaient en vain une intelligence, un dévouement, quelque sympathie dans le prestige de leurs chefs imposés ; ils ne rencontraient que des défaillances, le doute, un air de trahison qui paralysait leur élan en éloignant la victoire. Ils savaient cependant que le grand soldat de la démocratie était avec nous; malheureusement il ne leur était pas destiné.

O Garibaldi! guerrier incomparable! généreuse nature! tu fus la seule gloire de cette triste campagne.

La France te doit une épée d'honneur et des richesses pour les malheurs que ta victoire a évités; Dijon te doit un monument.

Avec un Faidherbe à l'administration et un Garibaldi à la tête de nos milices, la France était sauvée; la trahison nous abîma.

La malheureuse capitale fut livrée aux assiégeants et après Paris, la France.

Le vainqueur trouva la République debout et armée; son attitude digne et résolue lui imposa le respect.

On fit la paix; elle paya la rançon et libéra le territoire.

L'Europe étonnée de son crédit et de la confiance qu'elle inspirait, n'hésita pas à la reconnaître.

Grâce à sa bienveillante assistance et aux soins que réclamaient de profondes blessures; la grande nation se retrouvant elle-même, rentra dans ses habitudes laborieuses et se lança dans un mouvement d'affaires tellement prodigieux, qu'en peu de temps la prospérité était partout.

L'opinion publique rassurée et satisfaite malgré les intrigues de quelques misérables partis déchus affamés de pouvoir, jugeant avec raison que la Répu-

blique était la seule institution capable de conduire
la France à son entier rétablissement, la consolidait
dernièrement par un vote qui envoya au Corps législatif une imposante majorité en sa faveur.

La nouvelle Assemblée, prenant à cœur les intérêts
du pays, sérieusement menacés dans ses relations
extérieures par les agitations scandaleuses du parti
noir, dont on connaît l'infamie et l'antipatriotisme,
fonctionnait paisiblement dans les limites légales de
ses attributions, quand on apprend avec surprise son
autorité méconnue, la Chambre dissoute.

Le Chef de l'Exécutif, dans son initiative hardie,
demeure incontestablement sur le terrain de son
droit, en vertu des pouvoirs qu'il tient de la Consti-
tution; il ne nous est pas donné d'entrer dans l'exa-
men des critiques dont cet acte de rigueur a été
l'objet, en France et à l'étranger; nous nous borne-
rons à indiquer, et uniquement comme question de
principes, que le droit d'un homme, quel qu'il soit,
n'est respectable que tout autant qu'il respecte le
droit des autres.

C'est la loi de toute civilisation.

Et quel est ce droit des autres? C'est le droit du
peuple, dont l'Assemblée est l'image; c'est le droit
de l'Assemblée qui a élevé le Maréchal-Président au
poste d'honneur qu'il occupe.

Supposer au Maréchal des intentions malveil-
lantes, n'est rien moins qu'une imputation fort
grave, qu'une conscience honnête ne saurait tolérer
sans gémir; et la preuve, c'est qu'il s'en est plaint

dans ce remarquable manifeste que tous les Français ont pu apprécier.

Se retourner contre sa mère ! Attenter à son existence ! Poser la question, serait injurier à sa propre dignité et à l'honneur militaire tout ensemble. Et nous le disons bien haut, car nous savons que M. de Mac-Mahon s'honore d'être Français ; il doit en avoir le cœur. C'est, croyons-nous, un honnête soldat ; donc il n'est pas assassin ; et quant à sa politique, elle ne peut et ne doit être que celle de son pays.

Sa fonction, dans les événements qui se déroulent, à la vue du pays qui attend, les bras croisés, la reprise des affaires interrompues depuis le 16 mai, est vraiment celle d'une victime qui, naguère, visitait tristement les populations de France ; d'un instrument de la réaction la plus effrénée, car c'est elle-même qui parle, menace, méprise insulte

L'historien philosophe, grand poëte, juge autorisé et inflexible, dont les mortelles flétrissures seront pour les générations à venir un intéressant sujet d'entretien, et rendent à jamais exécrables ces dépravés qui dans ces derniers temps ont déshonoré la France et épouvanté le monde, attend les événements et prépare une page à ajouter aux *Misérables;*

il portera la lumière dans ce chaos infect où s'agitent, parmi de blafardes lueurs, des silhouettes sinistres à longs bonnets pointus, lances et tronçons d'épée s'entre-choquant dans le tumulte que domine le sombre ricanement de la chouette ; d'un côté seront les rossinantes accablés d'impuissance et les Macaires désespérés au teint blême d'orgie et de meurtres, de l'autre un bâton et un casque brisés.

Je l'aperçois d'ici, il prend déjà des notes ; il entend le peuple qui murmure et la République qui parle à peu près en ces termes à ses sujets :

Peuple français,

Il y aura bientôt un siècle qui nous nous connaissons ; tu m'appelais alors pour la première fois.

Je t'avais vu combattre et soumettre un tyran ; j'admirai ta valeur, ta constance, ta fidélité aux principes émancipateurs et humains.

Je me rendis à la vertu.

J'arrivai parmi ces braves qui m'aimaient déjà en

idéal et voulaient mourir pour moi. Ils m'accueillirent en souveraine, aux airs enivrants de la victoire.

J'étais la Liberté, la Justice, un lien de fraternité; ils en firent leur chose publique.

Je confirmai ton indépendance, j'établis l'égalité, j'inspirai tes sentiments, je soutins ton courage, j'affermis tes convictions, je te guidai dans les dangers, je te donnai la gloire; j'allais également te donner des richesses par les armes du travail, qui sont celles de la paix, quand un malin qui portait bien son nom, un Bonaparte, m'enleva de force.

J'étais heureuse dans mon entourage, où toutes les vertus : la modestie, l'urbanité, la tempérance, la dignité, l'enthousiasme, l'énergie, le devoir, le sacrifice se coudoyaient avec tous les talents, toutes les gloires scientifiques, morales et littéraires; où tous les arts : l'agriculture, l'industrie, la guerre, la navigation, la politique étaient savamment représentés; la première cour de l'Europe, dont il s'empara, ce Corse maudit, pour s'en faire un piédestal.

Encore s'il s'en était servi pour le bien, l'ingrat! ce barbare égoïste qui sacrifia la France à ses criminelles passions, à des projets non moins absurdes qu'insensés.

Je disparus, le despotisme rentra.

Quand après quarante ans et plus, l'horloge des révolutions sonna de nouveau en février 48, tu m'appelas une seconde fois ; je revins.

Tu sais ce qu'il en fut.

Encore un Bonaparte ; un lâche, il est vrai ; tout un revers de médaille ; un singe, faquin à moustaches te joua le tour. Tu devins sa proie et j'y fus pour mes frais de voyage.

Enfin après l'orgie, la débâcle arrivant avec l'invasion, le démembrement, l'humiliation, la ruine, j'arrivai en diligence et juste à temps. La besogne était encore rude cette fois.

Tu sais ce que j'ai fait jusqu'à présent ; hier encore le mouvement et la satisfaction régnaient partout ; j'en étais orgueilleuse et fière.

Actuellement et par trop longtemps déjà, surtout à cause des obstacles inattendus qui paralysent mon action dans toutes les voies de la prospérité publique, dis-moi, quelle figure me trouves-tu dans cet insipide milieu d'incertitudes et de coupables hésitations ? Ai-je bien l'air de quelque chose, ou ne suis-je rien ? Faut-il sortir de l'ornière, ou s'y ensevelir ? Dois-je m'en aller ?

Toute la question est de savoir comment et par quels moyens.

Il y a des heures solennelles dans la vie des peuples ; l'heure présente en est une pour la France.

La France, c'est moi.

Mon existence intimement liée à la tienne, n'est possible que par une parfaite harmonie de nos facultés réciproques.

Il n'est pas dans ma nature d'ordonner, ni recevoir des ordres ; je propose, j'observe tout simplement et ne suis respectable que tout autant que je respecte la liberté de mes sujets.

Dieu libre, a fait l'homme libre. Mais laissons de côté les extrêmes et arrivons aux moyens. Donc, voici :

T'abandonner ? Jamais ! Assister à tes funérailles ? Encore moins ! Succomber en luttant ? Ça me va ! il y a du mérite et de la gloire quand même. Succomber glorieusement, c'est vivre, car la gloire est immortelle.

Aujourd'hui, des audacieux soi-disant hommes de combat, toute une famille de Quichottes à prétention nous invitent à descendre dans l'arène ;

c'est pitoyable, mais que faire? allons, vite en besogne! Je serai l'idée, tu seras le bras. Où sont les chefs que tu t'es donnés? Ah! je les vois à gauche sur la hauteur; environ 363; c'est bien! ils ont par ma foi bonne mine.

Nous occupons le terrain du droit, le champ toujours promis à la victoire. Préparons-nous avec confiance, et surtout de l'ordre, de la dignité dans le maintien. Avant le soir nous aurons triomphé, j'espère, grâce aux armes de la civilisation, nos précieux bulletins.

A demain le sérieux, la confirmation de la victoire.

Je serai là, au temple de la paix, appuyée au premier magistrat, dépositaire de mes bijoux, ma couronne et mon sceptre.

On l'accuse d'infidélité à mon institution. Le trait a dû l'atteindre, puisqu'il s'en est carrément défendu dans un document public où il déclare m'être sincèrement attaché.

Ça regarde son honnêteté citoyenne. Et franchement, il m'en coûterait de le loger à la même enseigne que ce chef militaire de triste mémoire, qui nous disait un jour et le soir d'un autre jour: « Je ne capitulerai jamais!... de même que je ne saurais le confondre avec ce général fameux, qui avait juré de rentrer mort ou victorieux. Que sont-ils devenus! quelqu'un le sait-il? ils sont morts les deux avant d'expirer; l'opinion publique les a enterrés civilement.

Mais le président de Mac-Mahon vivra, j'espère, assez chrétiennement, voire même apostoliquement pour mériter et recevoir à sa dernière heure les secours de la religion, avec ses pompes et ses œuvres.

Je le lui souhaite.

Je ne le crois pas méchant; malheureusement il est faible, et de furieux intrigants ont quelque influence sur son caractère de soldat, qu'ils prétendent exploiter.

Mais encore !

Eh bien ! complaisance ou témérité; un tout petit coup de maître dissimulé dans une querelle d'Allemand; quoique en réalité o nne sache plus de quel côté donner.

Les uns veulent les Bonapartes, ce qui revient à appeler l'étranger; les autres, non moins drôles demandent l'inquisition avec ses auto-da-fé; c'est en deux mots : la confusion de la désespération.

J'en doute cependant.

Toutefois il est bon de s'y préparer, s'entendre et déterminer d'avance la conduite à tenir.

C'est à vous que j'en appelle maintenant, élus du peuple qui nous a donné la victoire.

Vous êtes plus ou moins 363; majorité respectable, une loi naturelle qui s'impose de droit; une souveraineté légitime, de par le souverain multiple, faculté et infaillible qui vous confie le soin et défense de ses intérêts, de son honneur.

Il n'ignore pas que chacun de vous est un souverain, son égal en titre ; et loin de prétendre s'imposer par la force accumulée du droit qui l'assiste, il est persuadé que vous êtes résolus au sacrifice de vous-mêmes plutôt que céder aux menaces, dans l'honorable entreprise qui constitue votre mandat, sous-entendu, conditionnel, équitable et fondé en logique, car rien dans la nature n'existe sans condition.

Il compte sur votre unité, dignité et complète abnégation.

Et, si par hasard, quelques factieux ou fortes gueules, car vous allez vous retrouver en face de ces mêmes enragés hommes de combat ; si quelques farceurs à gages, dis-je, menaçaient insolemment du canon ces modestes vainqueurs qui représentent la victoire dans la Fraternité, je veux dire généreux, conséquents, soigneux de tous les intérêts, qui désirent vivre en paix avec tout le monde et rendre à la patrie la prospérité par le travail ; à part la question de savoir si l'on trouverait des canonniers qui se prêteraient volontiers à ces abominables maneuvres, je me demande si ce grand peuple de Voltaire, ce puissant athlète qui démolit et désarme par l'ironie aux airs moqueurs ; si ce grand Paris, dis-je, n'accueillerait pas de semblables crâneries par un immense éclat de rire, plutôt que par un mouvement de colère, qui honorerait les infâmes en les rendant dignes du mépris public.

Oui ! sachez-le bien, champions du césarisme ; ces temps où des despotes provocateurs attiraient le peuple au combat comme à un guet-apens pour le massacrer et le réduire en quelques heures ; ces temps odieux ont disparu pour toujours. Nous savons trop bien que celui qui répond de l'ordre, M. de Mac-Mahon lui-même, serait impitoyable, ou tout au moins sans faiblesse, si l'occasion s'en offrait actuellement ; il n'hésiterait certainement pas à jeter un sanglant démenti à ces imprudents qui l'accusent de vouloir renverser la République. Non ! dis-je, les rues deParis ne seront plus par vous, rougies de sang français ; l'action serait opiniâtre et longue au besoin, malgré ces monstrueuses machines de guerre au service de la tyrannie, et durerait jusqu'au jour où le peuple, armé d'un simple bâton, triompherait par son calme et son gai sourire quand même.

Un dernier mot :

Une place nous est signalée de droit entre deux peuples frères, deux illustres sœurs qui nous tendent affectueusement les bras.

La distance qui nous en sépare, sera bientôt franchie grâce à ta bravoure, à ta persévérance dans le droit chemin, ta modération dans les mouvements et à ta sagesse.

Continue dans cette voie, malgré l'obstacle d'hier.

Tout mon prestige et toute ma force, en face de l'Europe qui nous observe et nous voit en ce moment marquer le pas, sont dans ta modeste attitude, ce calme qu'habite la valeur.

Aujourd'hui, d'accord avec le sentiment national, soyons avant tout l'expression de sa dignité en même temps que soumis aux difficultés des circonstances ; demain nous serons inébranlablement s'il le faut aux rudes épreuves de l'honneur et du devoir : Baudin, Dussoubs, Raspail, Grévy, etc. France, ou Pologne !

Salut et fraternité.

F. AUREAU. — IMPRIMERIE DE LAGNY.

142